ピアノ de ボディパーカッション

PIANO AND BODY PERCUSSION

発表会を名曲で楽しく演出！

山田俊之 編

音楽之友社

まえがき

　「ボディパーカッション」という音楽をご存じですか？　それは、「楽器がなくても、歌が上手に歌えなくても」すべての子どもたちが楽しめる音楽です。1987年に子どもたちと一緒に考え、体全体（body）を打楽器（percussion）のようにたたいてリズムアンサンブルを作り上げることから名付けました。
　ボディパーカッションによる教育活動は、小学校（特別支援学校含む）教師のとき、自己表現が苦手で友だちの輪の中に入りにくい児童生徒のコミュニケーション能力を高めるために実践してきました。子どもたちにとって辛いことは、クラスの仲間から認めてもらえず、疎外感を味わうことです。ボディパーカッション教材の実践は、子どもたちがクラス集団の一員として所属感や仲間意識を持ち、自己表現力を高め、集中力を付ける方法として、大きな効果を発揮しました。

　いままでにクラシック音楽とボディパーカッションを組み合わせて、NHK交響楽団の方々と3度共演させていただきました。その時は、〈アイネ・クライネ・ナハトムジーク〉（モーツァルト）、〈剣の舞〉（ハチャトゥリャン）、《くるみ割り人形》より〈トレパーク〉（チャイコフスキー）など子どもたちがよく知っている有名な曲を十数曲編曲して演奏し、大好評を博しました。
　しかしオーケストラ演奏ですので、その喜びを再現するにはCDなどに合わせるしかありません。
　そこで、もっと子どもたちが手軽に楽しめるように、ボディパーカッションとピアノ曲を組み合わせることを試みたのが本書です。

　具体的には、ピアノ演奏と一緒に複数の子ども達が同時にボディパーカッションを演奏します。手拍子や足踏みを中心にひざ、おなか、肩、胸などを叩いて楽しむリズムアンサンブルです。
　本書では、〈アラベスク〉や〈貴婦人の乗馬〉（ブルクミュラー）、〈楽しき農夫〉（シューマン）、〈クシコスポスト〉（ネッケ）、〈トルコ行進曲〉（モーツァルト）など、ピアノを習っている子どもたちなら誰もが知っているような名曲を選曲しました。独奏曲だけを取り上げていますが、連弾にボディパーカッションを合わせることもできます。
　先生の演奏、あるいは子どもの演奏に合わせて、みんなでボディパーカッションに取り組んでください。発表会では、複数の子どもたちがグループで演奏することにより、所属感や仲間意識が芽生え、自己表現力や集中力が高まります。
　リズムアンサンブルを行うと、リズム感の育成や、お互いに呼吸を合わせ、拍の流れに乗って演奏することの大切さを肌で感じとることができます。
　本書を手にとった子どもたちのピアノ演奏に、新鮮な感覚がみなぎることを期待しています。

　機会がありましたら、私が行う「ピアノ曲とボディパーカッション」講座（ワークショップ）にぜひご参加ください。今後のピアノ指導に、大きな刺激になることは間違いありません。ボディパーカッション講座の情報は巻末に記したホームページでご覧ください。
　ピアノの生演奏に合わせて行うのがベストだと思いますが、ピアノ名曲のCDなどの音源に合わせて楽しむこともできます。どこでも、いつでも、誰とでも、みなさんでボディパーカッションを楽しんでいただければうれしいです。

2016年7月4日

山田俊之

Piano and Body Percussion

発表会を名曲で楽しく演出！

ピアノ de ボディパーカッション

山田俊之 編

● もくじ contents ●

はじめに	2
ボディパーカッションのたたき方	4
リズム打ちの練習をしてみよう	6
練習してみよう	
キラキラ星変奏曲 テーマ　モーツァルト作曲	7
変奏1	8
変奏2	9
メヌエット ペツォルト作曲	10
楽しき農夫 シューマン作曲	12
兵隊の行進 シューマン作曲	13
貴婦人の乗馬 ブルクミュラー作曲	15
アラベスク ブルクミュラー作曲	18
クシコスポスト ネッケ作曲	20
ハンガリー舞曲第5番 ブラームス作曲	25
トルコ行進曲 モーツァルト作曲	30
エンターテイナー ジョプリン作曲	35
ルーマニアの"ポルカ" バルトーク作曲	40
速くて細かいステップの踊り バルトーク作曲	42
資料：ボディパーカッション活動について	45
あとがき	46

ピアノ de ボディパーカッション

ボディパーカッションのたたき方

① 手拍子
胸のあたりで元気よく打ってください。大きな動作で打つと映えます。

①' 手拍子'
✻印がある箇所では、打ち合わせた両手を、そのまま上に伸ばします。華やかに見えて効果的。

② おなかをたたく
両手打ちと、右手（R）・左手（L）の交互打ちがあります。大人数で行うときは、全員の動きがそろうように。

③ ひざをたたく
ひざ上の太もも辺りをたたきます。両手打ちと、右手（R）・左手（L）の交互打ちがあります。大人数で行うときは、全員の動きがそろうように。

④ すねをたたく
両手打ちと、右手（R）・左手（L）の交互打ちがあります。大人数で行うときは、全員の動きがそろうように。

⑤ 肩をたたく（両手を交差して）
両手を胸の前で交差して両肩をたたきます。

⑥ 胸をたたく
両手打ちと、右手（R）・左手（L）の交互打ちがあります。女子の場合は、胸よりも肩の近くを軽くたたきましょう。

⑦ おしりをたたく

両手打ちと、右手（R）・左手（L）の交互打ちがあります。本書には登場しませんが、リズム遊びなどでは必須です。

⑧ 足踏み

足踏みには、右足（R）と左足（L）があります。ＲＬの指示に必ず合わせる必要はないですが、大人数で行うときは、できるだけ右左を合わせましょう。

⑨ ジャンプする

元気よく飛びましょう。（10cm以上は飛ぶ）

ウェーブの作り方

⑩ ウェーブ

本書には登場しませんが、波のうねりのように見えて演出効果抜群の「ウェーブ」奏法があります。
たとえば図のように、（胸打ち）→（おなか打ち）→（ひざ打ち）→（すね打ち）→（ひざ打ち）→（おなか打ち）→（胸打ち）のように、流れるように一人で連打します。
本書では、この「ウェーブ」奏法の入門編ともいえるアイデアを、〈貴婦人の乗馬〉の中に盛り込みました。
そこでは（p.15〜16ページ）（すね打ち）→（ひざ打ち）→（おなか打ち）を流れるように行います。

* 体を強くたたきすぎないように気を付けて、決して無理をしないでください。ボディパーカッションは、楽しく参加することが最優先です。
* ボディパーカッションは打楽器演奏の一つと考えてください。たたく音が多少ズレても、装飾音符としてとらえれば、気になりません（小太鼓には、このズレを楽しむかのように装飾的な音を加える「フラム」奏法というのがありますよ）。

リズム打ちの練習をしてみよう

基本リズム

応用リズム

練習してみよう

● 《キラキラ星変奏曲》を使って練習してみましょう。はじめは〈テーマ〉に合わせてやってみましょう。
手拍子だけの練習です。

●〈変奏1〉(p.8)では、ピアノの細かい音の動きに合わせて手拍子と足踏みをしっかり打ってみましょう。
足踏みが入るので、さらにリズミカルになります。

●〈変奏2〉(p.9)では、足踏みをしながら、手拍子に加えて、おなか、ひざ、肩を両手でたたいてください。
全身を動かすことによって、さらに躍動感が出てきます。

それでは、ピアノ曲に合わせて、ボディパーカッションをお楽しみください。

Variationen über "Ah, vous dirai-je, Maman"
キラキラ星変奏曲　テーマ

W. A. Mozart, K.265
モーツァルト
山田俊之　編曲

Variationen über "Ah, vous dirai-je, Maman"
〈キラキラ星変奏曲〉より

変奏 1

W. A. Mozart, K.265
モーツァルト
山田俊之 編曲

変奏2

Variationen über "Ah, vous dirai-je, Maman"
〈キラキラ星変奏曲〉 より

W. A. Mozart, K.265
モーツァルト
山田俊之 編曲

Die Klavierbüchlein für Anna Magdalena Bach
《アンナ・マグダレーナ・バッハのためのクラヴィーア小曲集》より

Menuet

メヌエット

C. Petzold, BWV Anh. 114
ペツォルト(伝バッハ)
山田俊之　編曲

● **メヌエット**　本書ではこの曲だけが2パート編成になっています。①パートは3拍子のリズムを刻み、②パートは「ひざ」「おなか」「手拍子」など動きに変化があります。①パート・②パートがピアノの両サイドに分かれて演奏してみてください。

Album für die Jugend
《こどものためのアルバム》より

Frölicher Landmann

楽しき農夫

R. Schumann, op.68-10
シューマン
山田俊之 編曲

Album für die Jugend
《こどものためのアルバム》より

Soldatenmarsch
兵隊の行進

R. Schumann, op.68-2
シューマン
山田俊之 編曲

Munter und straff

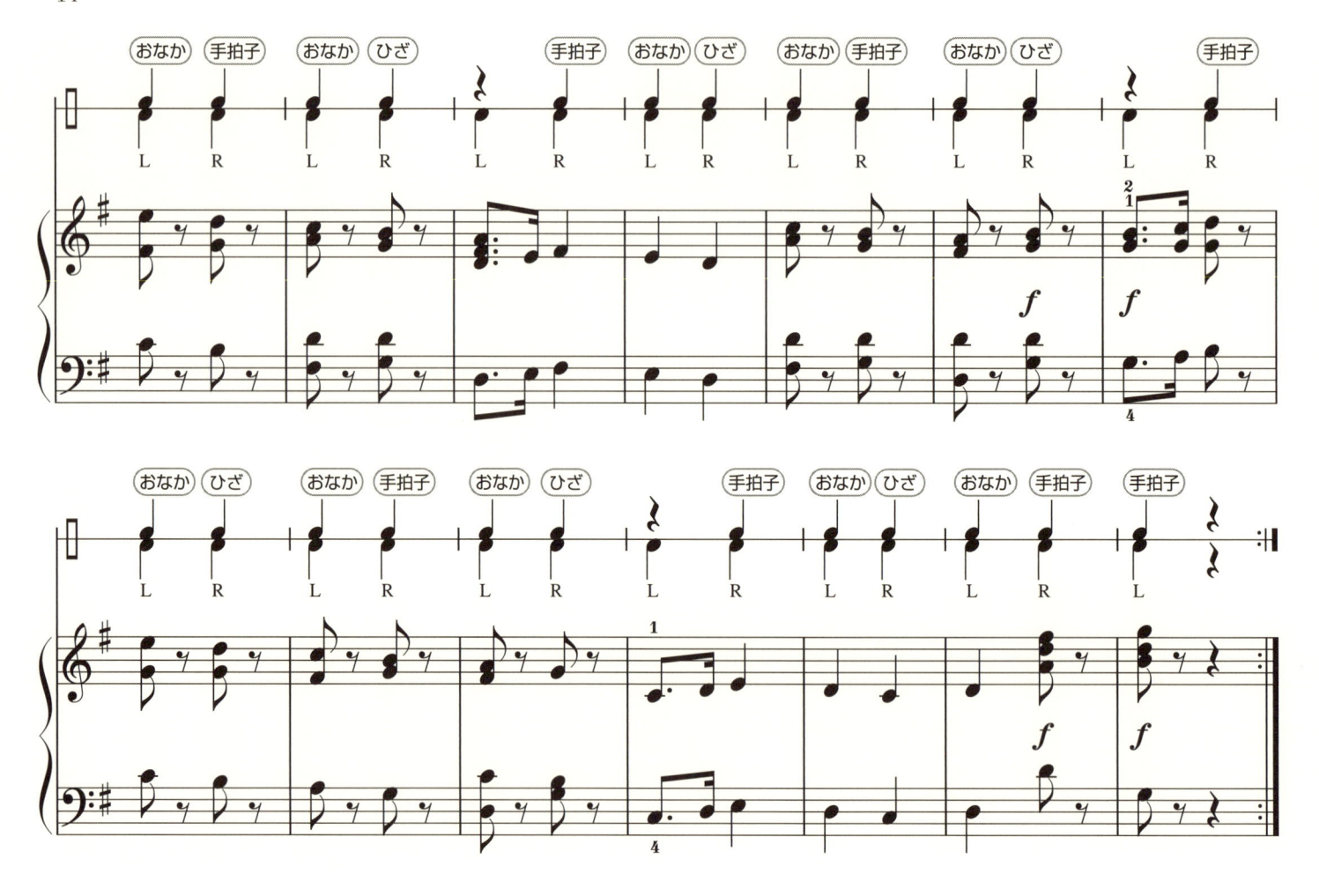

● **楽しき農夫**
　3拍子を、足踏みと手拍子で楽しんでください。3拍子の感覚を体全体で味わうことでリズム感が養われると思います。間違いを気にせず楽しく演奏しましょう。

● **兵隊の行進**
　兵士が規律正しく行進をしている様子をイメージしてください。大きく足を上げて足踏みし、手拍子も元気よく打ってください。

25 Études faciles
《25の練習曲》より

L'a chevaleresque
貴婦人の乗馬

J. F. F. Burgmüller
ブルクミュラー
山田俊之 編曲

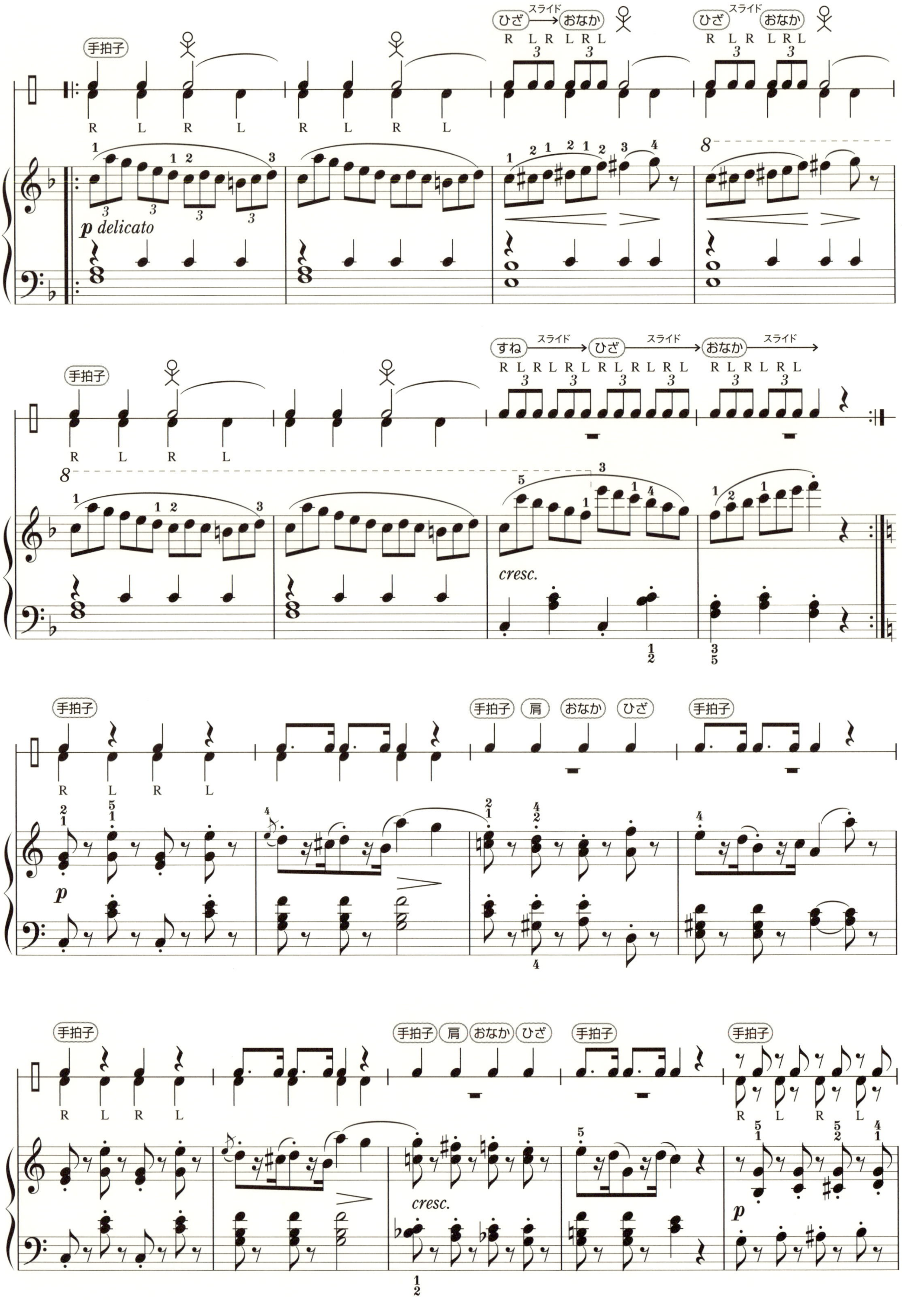
手拍子
ひざ
スライド
おなか
p delicato
すね
cresc.
肩
p

●ウェーブ奏法について

ボディパーカッションには、ウェーブという奏法があります。演奏法については、5ページにイラスト入りで詳しく解説しましたのでご覧ください。ボディパーカッションの演奏でこのウェーブ奏法を生かすとても効果的です。

〈貴婦人の乗馬〉には、このウェーブ奏法の入門編ともいえる箇所（p.15～16）があります（本書ではこの曲にしか使っていません）。

9・11（19・20）小節目は、「ひざ打ち」から「おなか打ち」へ、23～24小節目は「すね」から「ひざ」「おなか」へ、つまりたたくところを下から上へとスライドさせながら三連符を両手で打ちます。ピアノ演奏のテンポに合わせて練習をしてください。

この曲は、気品を漂わせながらも勇敢で凛とした貴婦人の乗馬姿をイメージして編曲しましたが、途中にイレギュラーなリズムが出てきます。この部分（p.17の4～5小節）にも三連符が出てきます。ボディパーカッションをピアノに合わせて刻んでください。手拍子で三連符のリズムを打つのは慣れていないと思いますが、練習すれば正確に打てるようになります。

25 Études faciles
《25の練習曲》より

L'arabesque

アラベスク

J. F. F. Burgmüller
ブルクミュラー
山田俊之 編曲

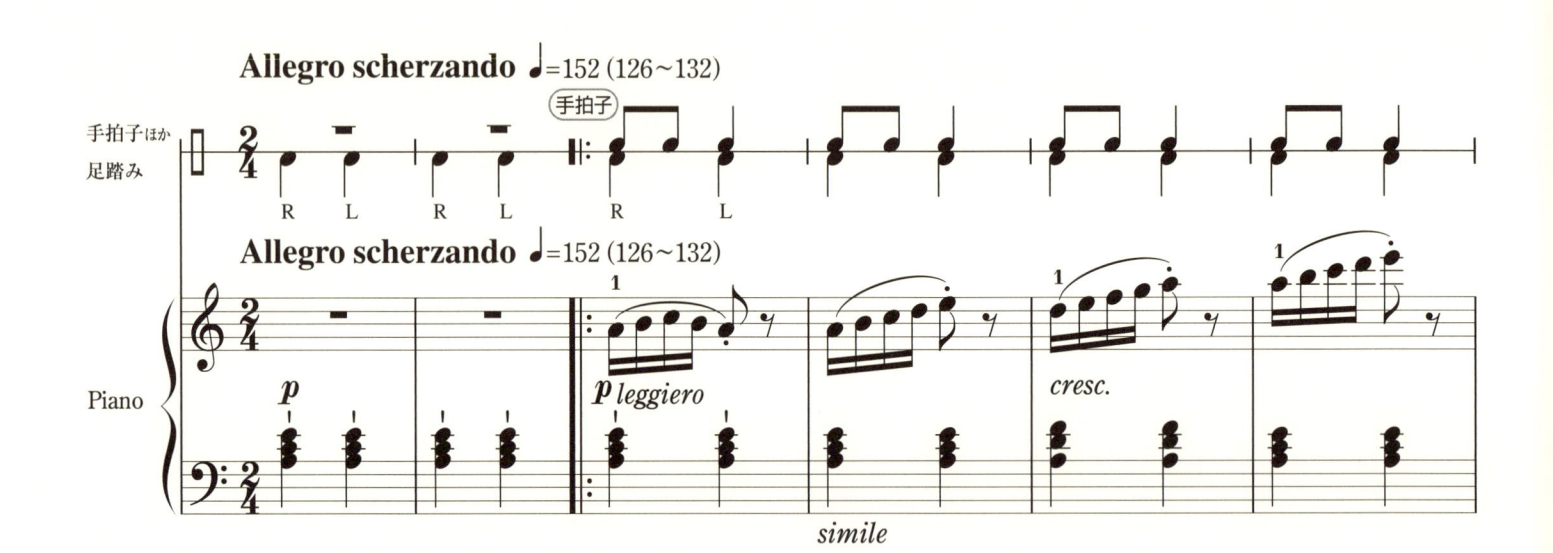

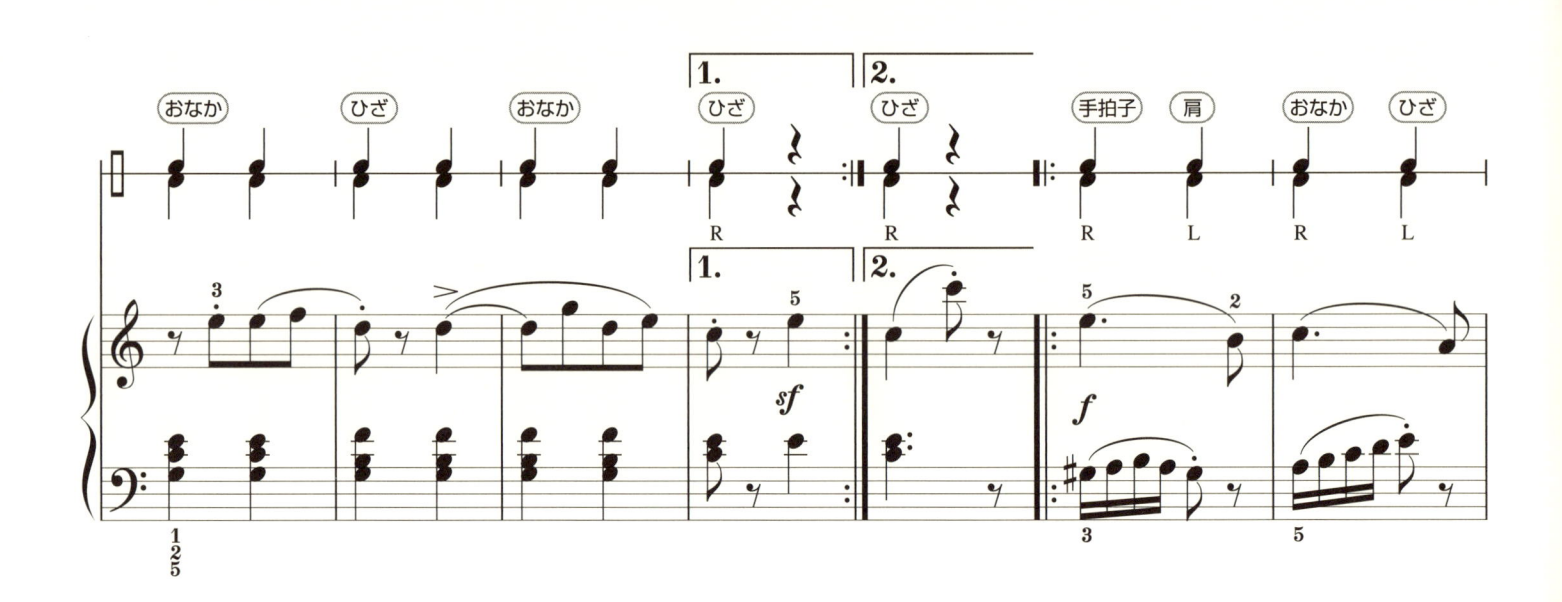

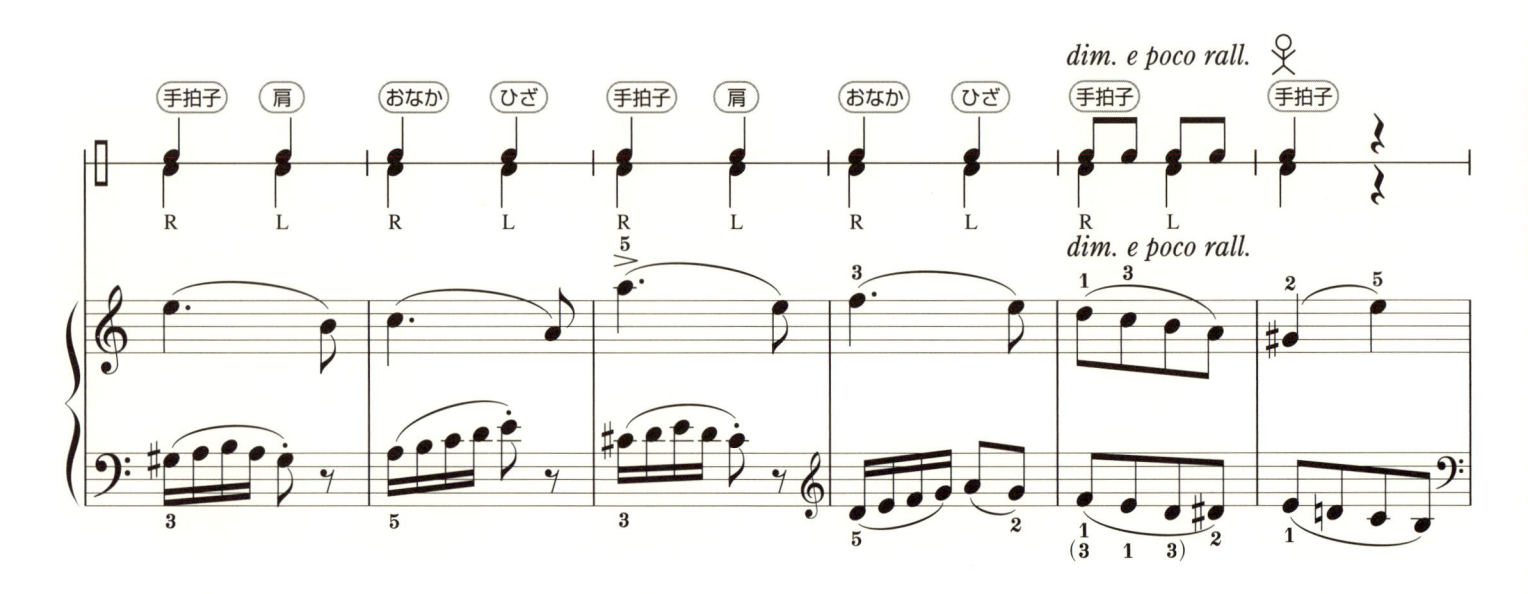

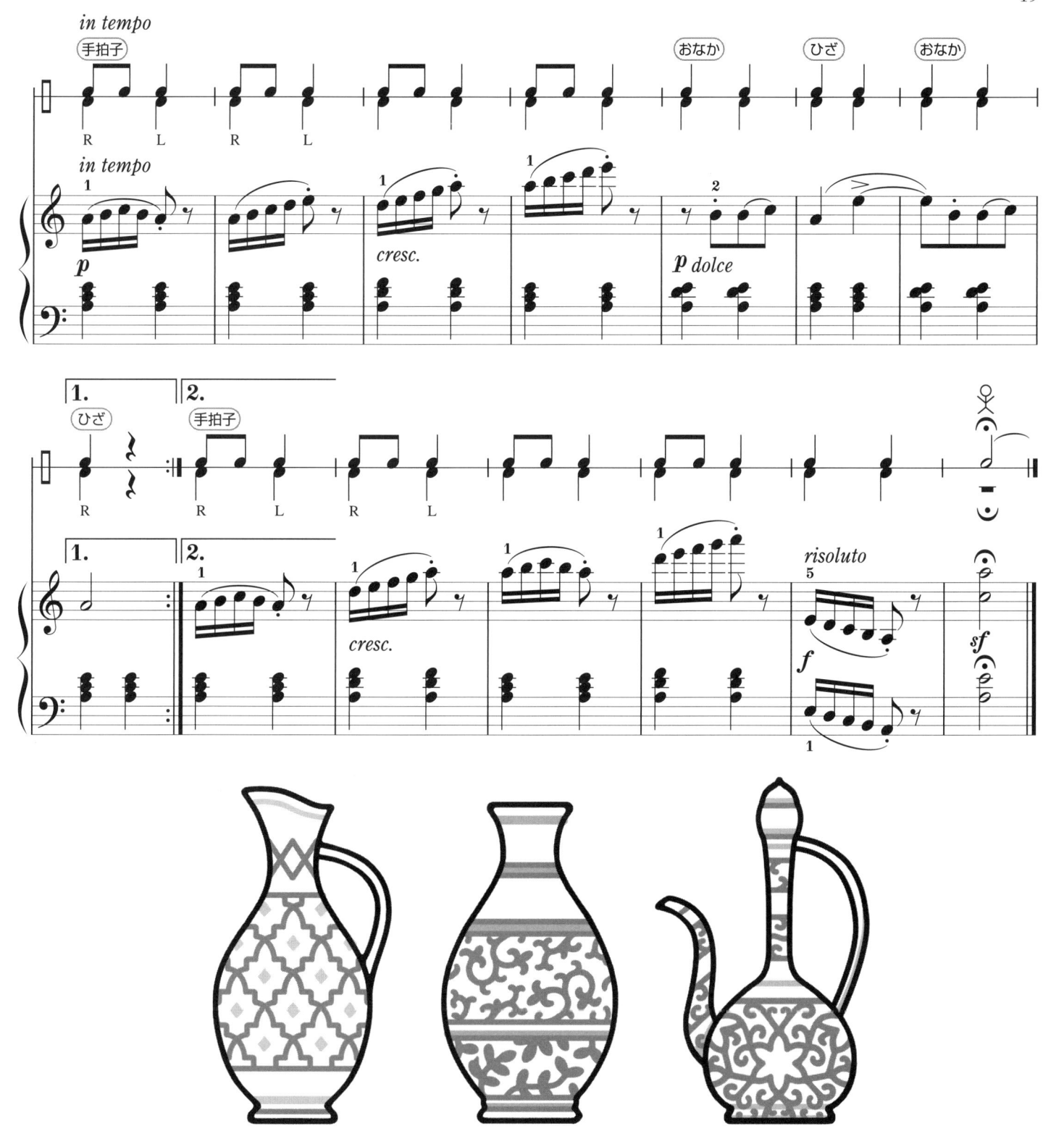

●演出のくふう

[音と動作の演出] ボディパーカッションの演奏では、曲の一番最後（エンディング）に「手拍子でパーン」と大きく両手を広げる動作をよく使います（本書では♀記号の箇所）。これはボディパーカッションで、演奏者が何をやっているかが"見える"という効果をねらった演出の一例です。ボディパーカッションは楽器である身体をたたいている姿を"見せて"音楽を感じてもらうことがポイントになります。曲のエンディングやアクセントを付けたい音のときには、手拍子を打った後、上記のように大きく両手を広げるようにポーズをとってください。

　また、〈アラベスク〉では足踏みをしっかりおこなうことで、音楽的なニュアンスが視覚的にも伝わります。

　一方、〈貴婦人の乗馬〉などは軽やかに演奏するため、手拍子を跳ねるようにように打ちます。

　さらに、ボディパーカッション全般に言えることですが、両手で「手拍子」→「肩」→「おなか」→「ひざ」と４分音符を順にたたいていくだけの演奏でも、視覚的な変化が楽しめる演奏になります。

[足踏みを取り入れる効果]　本書では「足踏み」を多用しています。ボディパーカッションには、リズム感を養うというねらいがあり、足踏みによって基本の拍とリズムがしっかり刻めると、手で打つリズム感も向上します。

　また、〈エンターテイナー〉では「足踏み」のところどころに「歩くように手を振って」という指示書きがあります。ラグタイムのノリでかっこよく手を振ってください。〈貴婦人の乗馬〉にも一か所出てきます。

Csikos Post

クシコスポスト

H. Necke
ネッケ
山田俊之 編曲

21

手拍子
R L R L
mf
p
手拍子
R L R L
おなか
手拍子
8va
f
fz
Ped.
ひざ
R L R L
R L R
R L R L
R L R
ひざ
ff
fz
p
Ped.
おなか
手拍子
ひざ
おなか
手拍子
ひざ
R L R L
R L R
fz
p
ff

Finale

●クシコスポスト　弾けるように手拍子を打ってください。パーンと両手を広げる箇所は大きな動作を心がけて。

Ungarische Tanz V

ハンガリー舞曲第５番

J. Brahms
ブラームス
山田俊之　編曲

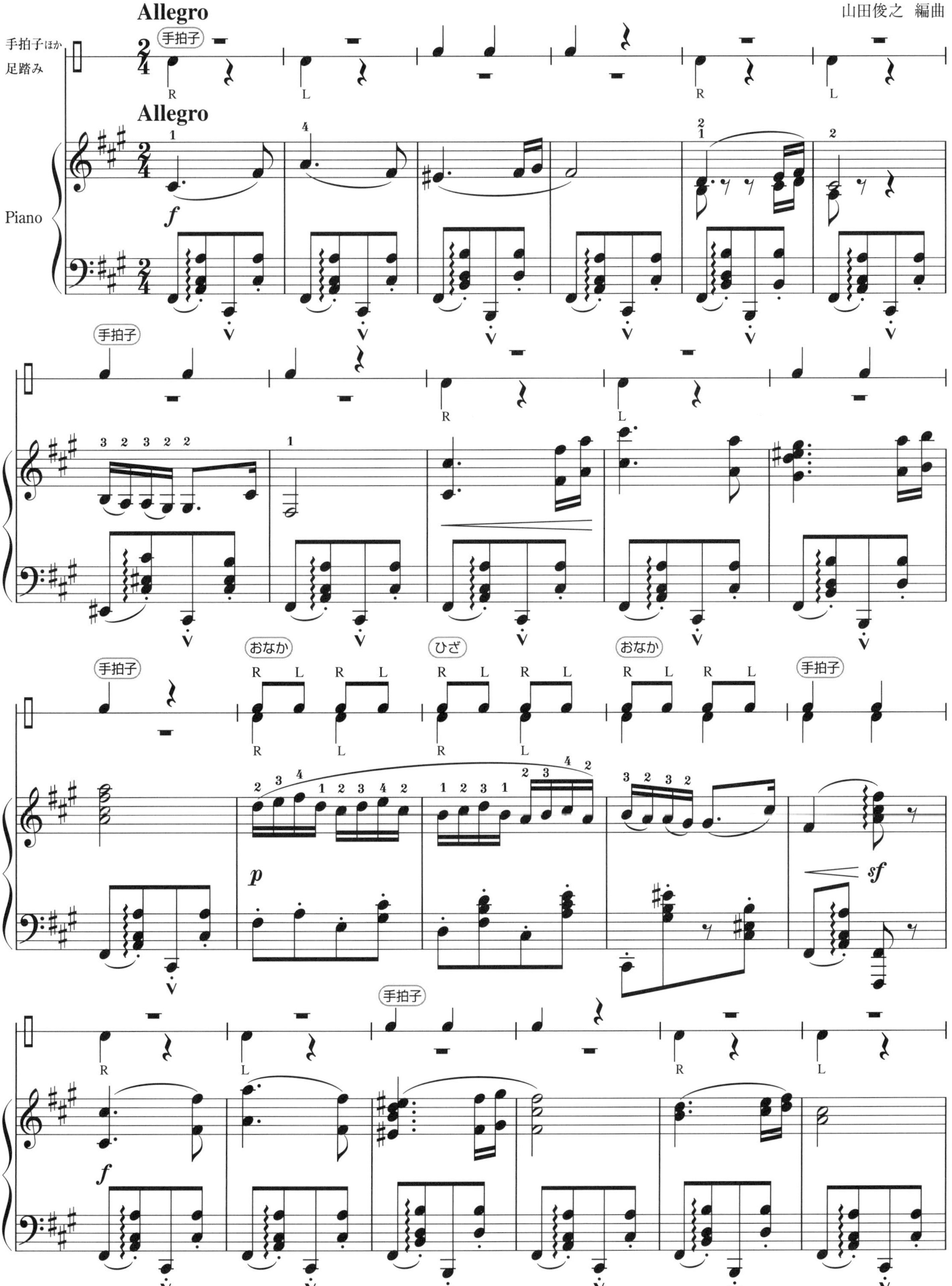

手拍子
R
L
8va
f
手拍子
おなか
R L R L
ひざ
R L R L
おなか
R L R L
手拍子
p
sf
手拍子
f marcato
R L R
手拍子
R L R
p rit - - - ard - - - an - - - - do

手拍子
a tempo
f
a tempo
5
手拍子
Vivace
R L R L R L R L R L R L
Vivace
sf
sf
poco rit.
a tempo
手拍子
ひざ
R L R L
R L R
poco rit.
手拍子
poco rit.
a tempo
poco rit.
p
p legg.
a tempo
ひざ
R L R L
R L R
poco rit.
手拍子
a tempo
ひざ
R L R L
a tempo
poco rit.
a tempo
p legg.
dolce
p
legg.

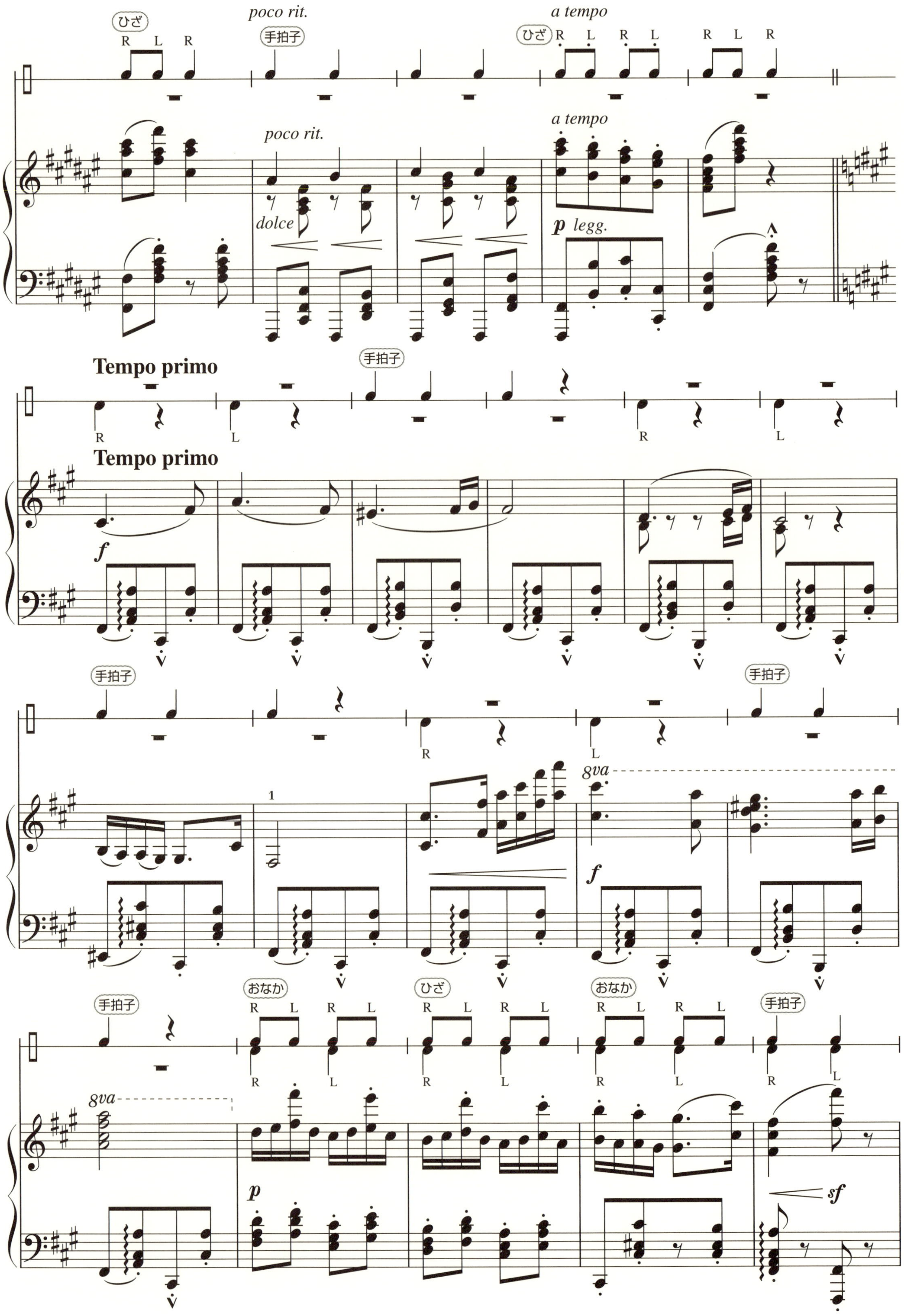
ひざ
poco rit.
手拍子
a tempo
dolce
p legg.
Tempo primo
f
8va
p
おなか
sf

● **ハンガリー舞曲** テンポ・ルバートの箇所では、ピアノ演奏に呼吸を合わせるように心がけてください。

Sonate für Klavier Nr. 11
《ピアノ・ソナタ第11番イ長調》より

Türkischer Marsch
トルコ行進曲

W. A. Mozart, K.331
モーツァルト
山田俊之 編曲

f
R L R L R R
L R L R
p
手拍子 おなか
R L R L
ひざ おなか 手拍子 おなか ひざ おなか
R L R L R L R L R L R
手拍子 おなか ひざ おなか 手拍子 おなか 手拍子
R L R L R L R
手拍子 おなか ひざ おなか 手拍子 おなか ひざ 手拍子 おなか
R L R L R L R R L

ひざ
おなか
手拍子
おなか
ひざ
おなか
手拍子
おなか
ひざ
おなか
R L R L R L R L R L
手拍子
おなか
ひざ
手拍子
R L R R L R L
手拍子
R R L R L R
手拍子
手拍子
手拍子

33

● **トルコ行進曲**　例えば冒頭8小節の手拍子を観客の方々にも一緒に打ってもらうと、会場に一体感が出るでしょう。

The Entertainer
エンターテイナー

S. Joplin
ジョプリン
山田俊之 編曲

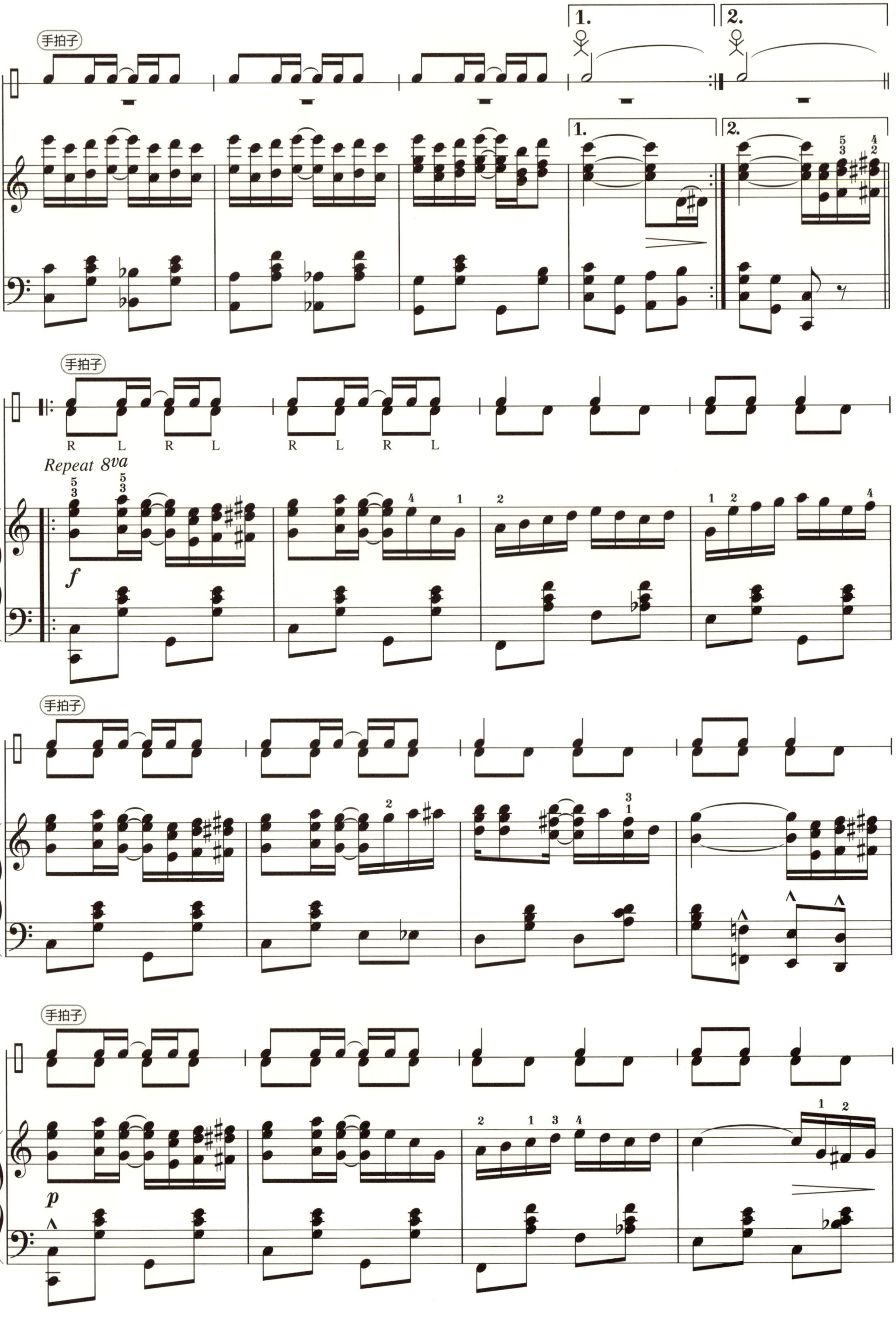
手拍子
1.
2.
手拍子
R L R L
R L R L
Repeat 8va
f
手拍子
手拍子
p

手拍子
1.
2.
8va
p
(歩くように手を振って)
R
L
p
f
(歩くように手を振って)
手拍子
R
L
p
f
(歩くように手を振って)
手拍子
R
L
p
f
手拍子

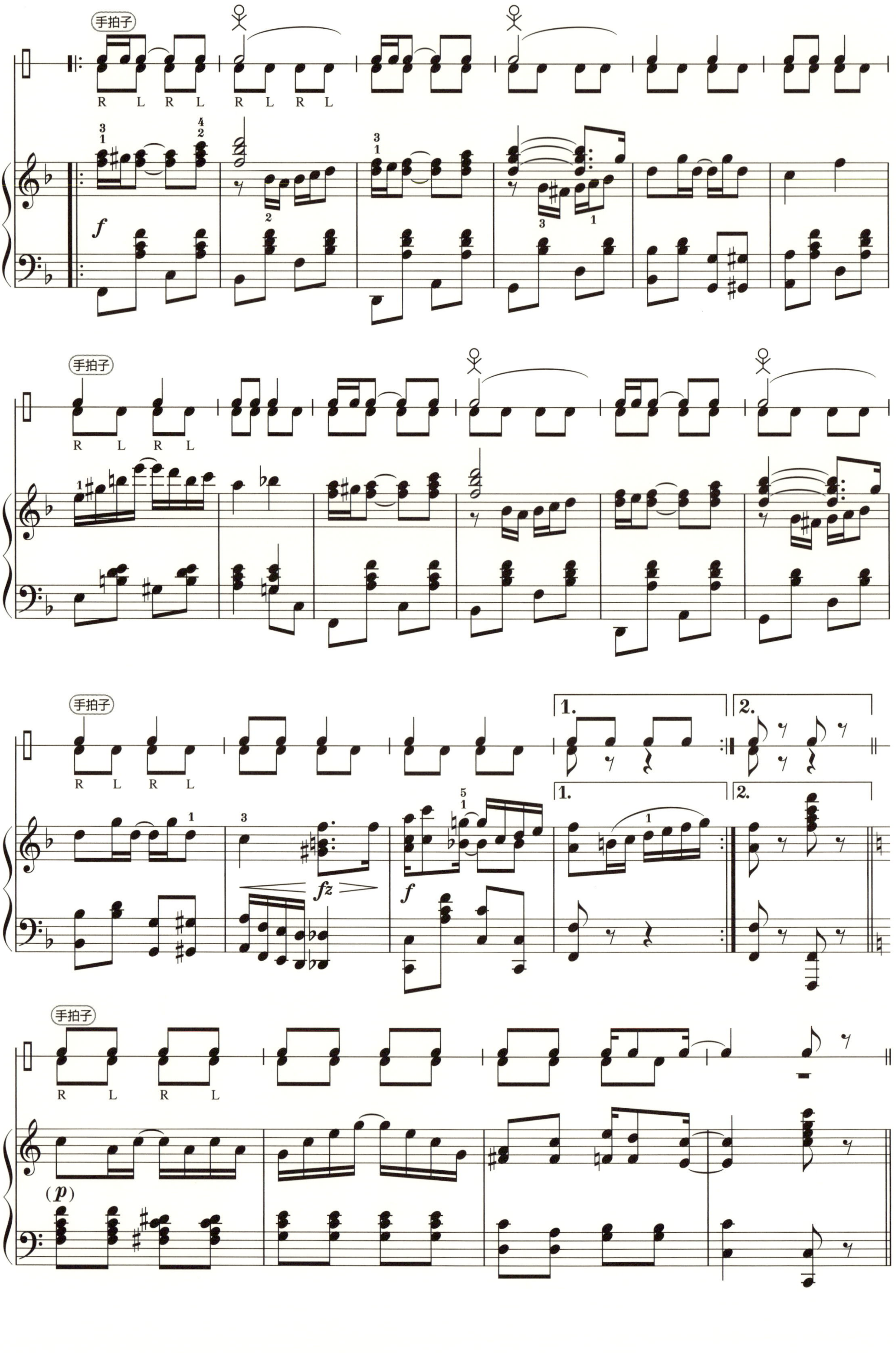
手拍子
R L R L R L R L
f
手拍子
R L R L
手拍子
R L R L
fz
f
1.
2.
手拍子
R L R L
(p)

●エンターテイナー　ベース進行やシンコペーションに特色のあるピアノと合わせラグタイムの雰囲気を楽しみましょう。

Jocuri Poporale Românești
《ルーマニア民俗舞曲》より

"Poargă" românească

ルーマニアの"ポルカ"

B. Bartók
バルトーク
山田俊之 編曲

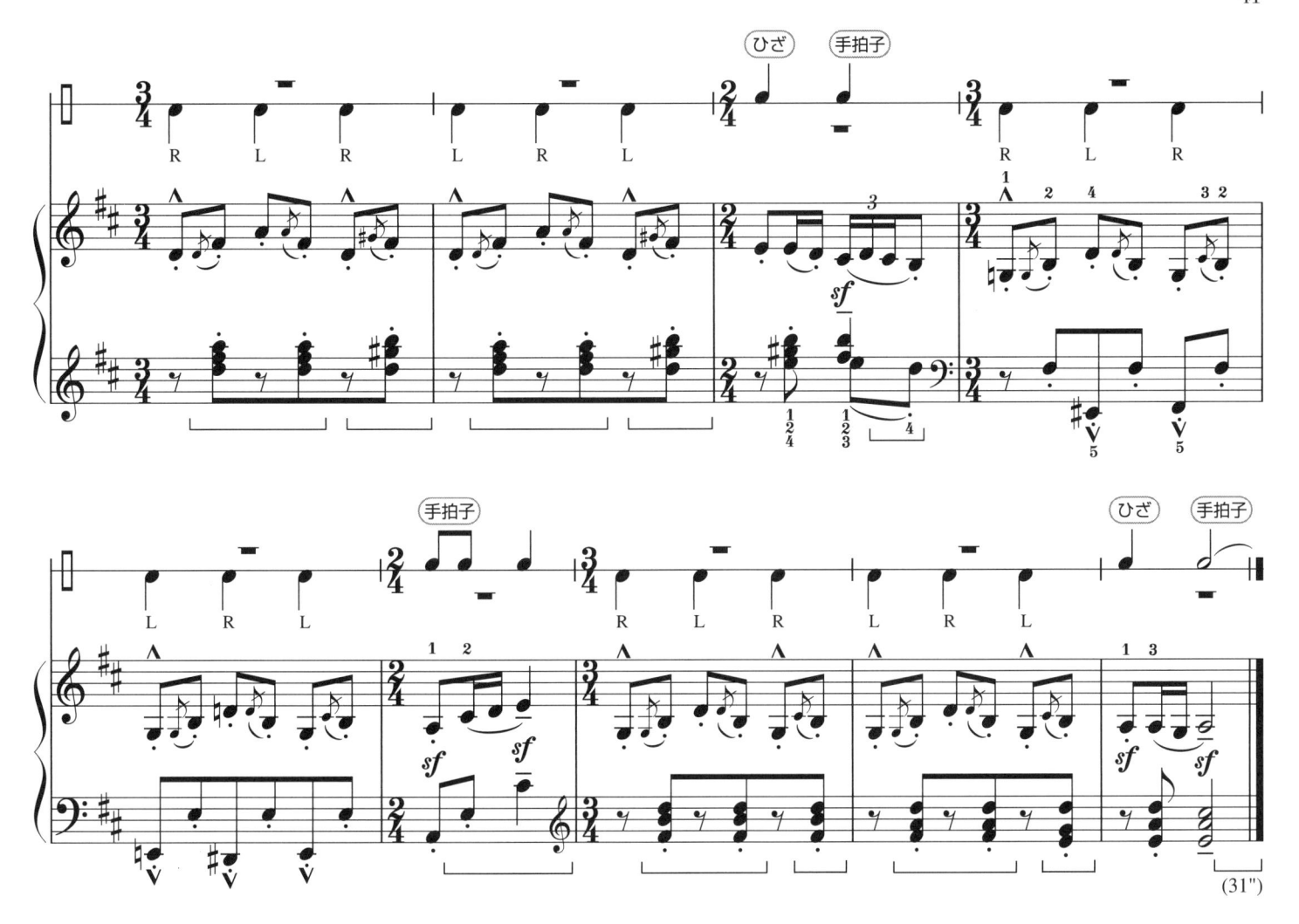

●ルーマニアのポルカ

2拍子と3拍子が混ざっているリズムです。4分の2拍子は手拍子、4分の3拍子は足踏みを中心に作っています。楽曲の構成を理解しながら演奏すると、より楽しめるでしょう。

42

Jocuri Poporale Romànești
《ルーマニア民俗舞曲》より

Maruntel

速くて細かいステップの踊り

B. Bartók
バルトーク
山田俊之 編曲

ひざ
R L R L R
手拍子
ひざ
R L R L
R L R L R
手拍子
R L
R L
cresc.
手拍子
おなか
R L
R L
R L
手拍子
おなか
ひざ
R L R L
R L R L R
R L
R R
sempre f
手拍子
ひざ
R L R L
R L R L R
手拍子
R L R L
ひざ
R L R L
più f
Ossia :

(36")
Durée d'exécution : ca 4' 15"

● **速くて細かいステップの踊り**
　テンポが速い曲なので、ボディパーカッションを作るとき細かい音符を取り入れていいものかどうか迷いましたが、16分音符のリズムを何箇所かに使いました。やや難しいかもしれませんが、できるだけシンプルに作りましたので、テンポとタイミングをピアニストと合わせることに心がけてください。最初はゆっくりしたテンポで合わせ、徐々にオリジナルのテンポに近づけてください。
　曲の中でアクセント記号のあるところは、手拍子でタイミングを合わせてください。

ボディパーカッション活動について

　私が1986年に小学校で始めたボディパーカッションは2000年ごろから全国の学校に広まり、学級活動、授業、行事などで活用されています。今では、学校だけでなく、福祉の現場やレクリエーションなどでも幅広く活用されています。2005年ごろからは、全国各地の楽器店から指導要請も増え、この10年間ほどで30か所以上の会場で講座を開いてきました。ピアノ教室の指導者の方がおおぜい受講されました。

【主な演奏会歴】
1993年11月、「日本初　体がすべて楽器です！　ザ・ボディパーカッションコンサート」開催（久留米市・文化ホール）
1997年12月　「ボディパーカッション演奏会」開催（渋谷・東京児童会館）
1998年8月　「オーケストラとボディパーカッション演奏会」（福岡市・アクロス福岡）
2000年8月　宇宙の日「みんなでボディパーカッション」（NHK主催：お台場・TFTホール）
2001年12月　「第1回NHK交響楽団とボディパーカッションコンサート」（福岡）
2004年12月　「第2回NHK交響楽団とボディパーカッションコンサート」（福岡）
2006年12月　「第3回NHK交響楽団とボディパーカッションコンサート」（福岡）

【教科書採用歴】
自作のボディパーカッション教材〈花火〉が、平成17年度小学校3年生音楽科教科書『音楽のおくりもの』（教育出版）に採用される。
自作のボディパーカッション教材〈手拍子の花束〉が平成24年度特別支援教育用音楽科教科書『☆☆☆☆音楽』（文部科学省編集）に採用される。

【主な著書】
『ボディパーカッション入門』『楽しいボディパーカッション①リズムで遊ぼう』『同②リズムスクール』『同③リズムで発表会』『ほかほかパン屋さん』『ケチャ風お茶づけ』『B級グルメパーティ』『特別支援教育用教材：楽しいボディパーカッション』『ボディパーカッションBEST』（以上、音楽之友社）ほか多数。

【DVD】
『楽しいボディパーカッション　Part1・2・3』（山田俊之 指導・解説、音楽之友社）
『ボディパーカッション指導法入門　Ⅰリズム遊び』『同　Ⅱ〈花火〉』『同　Ⅲ〈手拍子の花束〉』『同　Ⅳ楽しいボイス・アンサンブル〈ほかほかパン屋さん〉』『同　Ⅴボディパーカッション＆ボイス・アンサンブル』（山田俊之 指導・解説、音楽之友社）

【社会教育活動】
2014年　文部科学省（教科調査官）、JHP「学校を作る会」の要請により、カンボジア教育省カリキュラム編成局との共同プロジェクトに参加し、カンボジア教育支援を行う。2015年12月にはカンボジアに行き、カンボジア教育省主催「教員研修指導」、カンボジア公立小学校で公開モデル授業を行った。
＊カンボジアでは教科「音楽」はないため、「表現教育」として取り扱う。また、同時にカンボジア児童養護施設（孤児院）でボランティア活動を行う。

あとがき

『ピアノ de ボディパーカッション』はいかがでしたか？

まだ全曲に取り組んでいないかもしれませんが、ぜひ試してみてください。本書のボディパーカッションはほとんどの曲が、小学生から大人の方まで、気軽に楽しめるように作っています。

私はこれまでに、ピアノの先生方が参加される「ボディパーカッション講座」を全国各地の楽器店で行ったことがあります。ボディパーカッションは楽器を使わないので、「えっ！楽器店？」とびっくりされるかもしれませんが（笑）。

そのつど、多くの先生方から「楽しい！」「子どもたちと一緒に発表会で使いたい！」という声をよく耳にしました。さらに、「ピアノの発表会を開くと、自分の子どもが演奏して、それをビデオに撮って終わり」という方々が多く、「1年に1回の発表会で、子ども同士一緒に楽しめるボディパーカッション演奏をしてみたら、とても良かった」という声を多くの先生から聞きました。

そこで、考案したのが今回の曲集です。子どもがよく演奏するピアノ曲を音楽之友社に考えていただき、協議を重ねて今回の選曲になりました。

過去に、NHK交響楽団との共演のために、管弦楽曲に合わせて演奏するボディパーカッションの編曲を行ったことがありました。今回は、その時の経験を生かして、ピアノ曲とボディパーカッションという新たな組み合わせの提案をさせていただきました。

"ボディパーカッション"は"体が楽器"ですので、音楽的には"アンサンブル能力が身につき、音を合わせる大切さを学べる"ことになります。

この本を手に取られる方々にお伝えしたいことは、ボディパーカッションはリズム感の育成につながるということです。正しくリズムを打つことは、楽譜でいう縦の線がそろいます。このリズムがそろうことで、心地よいアンサンブルが生まれます。きっと子どもたちは夢中になると思います

さらに大きい効果としては、"リズムアンサンブルを通して、合わせる一体感から子ども同士の人間関係が育まれ、友だちができて"望ましい人間関係"が生まれることも魅力です。リズムを揃えることは、心を解放し、気持ちを安定させるのではないかと感じています。

これは、子どもも大人も関係ありません。私が九州大学教育学部で担当している教職課程「特別活動指導法」の授業テーマである"望ましい人間関係をめざして"に一致します。

今までに研修会や講座等を通して、教育、福祉、音楽関係者あわせて約3万人の方々と出会いました。受講された方々は、年齢に関係なく講座が終わるころには笑顔とともに会話も弾み、発表演奏も積極的にされています。

私が指導を行ってきた子どもたちの中には、「楽器ができない」「楽譜が読めない」「歌が上手に歌えない」児童生徒がいました。さらに、通常の子どもたちに交じって、聴覚障害、知的障害、発達障害の児童生徒も少なからずいました。

しかし、そのような子どもたちもNHK交響楽団の方々と一緒に演奏できました（映像はYouTubeにアップしていますのでぜひご覧ください）。そして、当時共演したNHK交響楽団第一コンサートマスターの篠崎史紀氏は、「ボディパーカッションは世界中の音楽の壁を壊せるかもしれない」とまで言ってくださり、大きな励みになりました。

ボディパーカッションの指導力は一朝一夕には（すぐには）身につかないかもしれません。講習会などに参加されて、その楽しさや指導のコツを学んでください。ピアノ教室に新たな広がりが出てくるのではないでしょうか？　この本がそのような1冊になることを願っています。

最後に、本書を編集していただいた音楽之友社の岸田雅子さんには心からお礼を申し上げたいと思います。岸田さんは、今から約15年前に初めての著書『ボディパーカッション入門』を出版した時も担当していただきました。私にとって、教育者として大きな転機になる本でした。そして、今回の『ピアノ de ボディパーカッション』で新たなジャンルを提案させていただくことになりました。このような機会を与えていただき、感謝申し上げます。

山田俊之

● 編著者プロフィール

山田俊之（やまだ・としゆき）

2015年度まで福岡県で公立小学校、特別支援学校教諭、管理職を務める。九州大学大学院人間環境学府博士後期課程（教育システム専攻）満期退学（研究テーマ「特別活動（学級づくり等）における児童生徒のコミュニケーション能力育成とリズム身体表現活動の効果」）。現在、九州女子短期大学特任教授、九州大学教育学部非常勤講師（教職課程「特別活動指導法」担当）。

1986年小学校4年生担任の時、特別活動（学級活動、学校行事等）で手拍子、ひざ打ち、おなかを叩くなどの身体活動を、コミュニケーション能力を高める表現教材として開発・考案し「ボディパーカッション教育」と名付ける。作曲したボディパーカッション曲〈花火〉と〈手拍子の花束〉が、音楽科教科書に掲載される（〈花火〉は平成17年度、〈手拍子の花束〉は平成24年度）。

その後、教育現場で25年以上活動を行い、その指導法講座を受講した全国の学校教育（幼、小・中・高、大学）、特別支援教育、音楽教育（ピアノ指導者含む）関係者が3万人を超える。

打楽器演奏においては、岡田知之氏のパーカッション・アンサンブルに学び、後にボディパーカッション講座でアドバイスを受ける。また、ジャズ・ポピュラー奏法（米国のバークレー音楽大学打楽器メソッド）についてはドラマーのYAS岡山氏に、グルーヴ奏法に関しては米国の打楽器奏者・バーナード・パーディ氏に学び、和太鼓で共演する。

平成21年度NHK障害福祉賞最優秀賞。　平成23年度読売教育賞最優秀賞（特別支援教育部門）

【連絡先】
〒830-0059 福岡県久留米市江戸屋敷2-4-33-1
問合せ・講座依頼等：edubody1986@gmail.com

皆様へのお願い

　楽譜や歌詞・音楽書などの出版物を権利者に無断で複製（コピー）することは、著作権の侵害（私的利用など特別な場合を除く）にあたり、著作権法により罰せられます。また、出版物からの不法なコピーが行われますと、出版社は正常な出版活動が困難となり、ついには皆様方が必要とされるものも出版できなくなります。
　音楽出版社と日本音楽著作権協会（JASRAC）は、著作者の権利を守り、なおいっそう優れた作品の出版普及に全力をあげて努力してまいります。どうか不法コピーの防止に、皆様方のご協力をお願い申し上げます。

株式会社 音楽之友社
一般社団法人 日本音楽著作権協会

LOVE THE ORIGINAL
楽譜のコピーはやめましょう

発表会を名曲で楽しく演出！ピアノ de ボディパーカッション

2016年8月31日　第1刷発行
2023年12月31日　第8刷発行

編　者　山田俊之
発行者　時枝　正
発行所　株式会社 音楽之友社
東京都新宿区神楽坂6の30
電話 03(3235)2111(代)　〒162-8716
振替 00170-4-196250
https://www.ongakunotomo.co.jp/

830020

© 2016 by ONGAKU NO TOMO SHA CORP., Tokyo, Japan.

落丁本・乱丁本はお取替いたします。
Printed in Japan.

装丁／イラストレーション：あさい とおる
リズム譜浄書／組版：鈴木典子
印刷／製本：(株)平河工業社